AF360162

L'ESPRIT PÉRIGOURDIN

ET EUGÈNE LE ROY

L'Esprit Périgourdin

et Eugène Le Roy [1]

Dans le *Monde où l'on s'ennuie*, on demande à un préfet quel est l'esprit de son département. « L'esprit de mon département ? Eh bien ! il n'en a pas ! » — Dieu me garde d'appliquer cette boutade au département où je suis né, car il est l'un des plus spirituels que je sache. Il y a cependant quelque chose de profond dans cette boutade et que l'auteur lui-même, peut-être, n'avait pas songé à y mettre. C'est qu'un département (j'entends par là cette division administrative créée à la Révolution, scindée elle-même en arrondissements rigoureusement égaux et en cantons désespérément semblables), un département n'a pas d'esprit, mais *une province* a un esprit. Un département est un cadre commode, qui existe pour le fonctionnaire, dans les bureaux ; mais il recouvre mal d'anciennes divisions réelles, encore vivantes dans les mœurs, et d'autres aussi qui sont en train de naître, lentement, selon les modes de l'activité économique. La Dordogne n'a pas d'esprit ; mais le Périgord a un esprit — je veux dire des manières de penser, de sentir, de parler, de vivre, de manger et de commercer — bien à lui, et différentes des manières de penser, sentir ou parler des autres provinces.

Nous connaissons tous, par expérience, ces différences d'âmes, d'allure et presque de visage. Loin du sol natal, un périgourdin reconnaît un autre périgourdin à cent pas, même avant qu'il parle patois ou qu'il avoue son faible pour l'huile de noix, l'ail ou la mique (je ne dis pas la truffe ; la truffe, c'est une enfant du Périgord qui a mal tourné : elle s'est fait aimer par tout le monde).

Il y a quelque temps, les délégués sénatoriaux étaient réunis à Périgueux, en vue des élections. C'étaient presque tous des maires ou des adjoints de campagne, de bons paysans venus de tous les coins du Périgord, petits, trapus, l'air jovial, entêté et malin. Eh bien ! on avait le sentiment qu'ils n'étaient que des exemplaires à peine variés d'un même type : le paysan du Périgord. Et, si un

---

(1) Cet essai reproduit en partie les idées exprimées par l'auteur dans une conférence faite à Paris, le 29 janvier 1921, à la galerie La Boëtie (Exposition Terlikowski-de Maleville), et qui fut suivie d'auditions de Mmes Madeleine Roch, Charlotte Lysès, Courbatter, Hortense de Sampigny, et MM. Dorival, Rambaud, etc.

coup de baguette magique m'avait pu transporter le même jour à Quimper, à Dijon ou à Marseille, j'aurais été curieux de comparer ce délégué sénatorial-type du Périgord au délégué sénatorial-type de la Bretagne, de la Bourgogne ou de la Provence. C'est par des rapprochements semblables qu'on aurait quelque chance de fixer ces nuances (si fugitives et pourtant si réelles) qui distinguent le type d'une province.

Pour apercevoir le visage commun, le visage moyen d'une race provinciale, il faut en quelque sorte se reculer, prendre de la distance. Il faut faire une opération analogue à celle des peintres qui clignent des yeux pour mieux voir l'ensemble ! Notre manière à nous, peintres de l'âme, de cligner des yeux pour mieux voir l'ensemble, ce sera de chercher le type du périgourdin dans l'histoire du pays, dans ses mœurs locales, dans sa langue, et aussi dans ses productions même ou dans ses grands hommes.

*
* *

Il y a dans le caractère périgourdin deux aspects, comme dans son paysage.

Ce qui frappe d'abord, dans notre pays, c'est un mélange d'âpreté et de mollesse souriante, de lignes gracieuses et d'escarpements rocheux. Le Périgord porte dans son étymologie même le témoignage de sa dureté : *petrocoria* vient de *petra*, rocher. C'est ici « le pays des pierres » comme l'a nommé Eugène Le Roy. Partout présente, même lorsqu'elle est invisible, on voit la pierre çà et là pointer hors des bois, crever la frondaison touffue ou se dresser en hautes falaises dominant les eaux... Or, l'esprit de la race n'est pas différent : malgré ses dehors le plus souvent sociables et raffinés, on bute à chaque instant sur le roc de l'instinct primitif.

Le premier trait que révèle l'histoire du pays, c'est une singulière violence, le goût de la guerre et du pillage. Nulle région sans doute ne s'est livrée avec plus d'ardeur que la nôtre, pendant de longs siècles, au plaisir de guerroyer. Toutes les occasions de lutte que l'histoire leur offrit, les Périgourdins s'en saisirent avec une sorte de joie turbulente : la guerre de Cent ans, les guerres de religion, la Fronde, virent s'épanouir leur instinct batailleur.

Sur les guerres de religion, nous sommes abondamment renseignés par les *Chroniques* d'un de mes arrières-grands-oncles, pieux et savant chanoine, qui fut témoin de ces horreurs et les conta dans un style bref d'annaliste, plus émouvant que la déclamation et l'emphase.

Alors notre région était, plus encore qu'aujourd'hui, semée de châteaux ! C'est un des caractères de son paysage. On ne peut compter le nombre de vieux repaires ruinés, de burgs délabrés, de tours penchantes et de gentilhommières qui s'élèvent sur nos collines. Chaque monticule a son donjon. Or, de nos jours, un donjon, des mâchicoulis, ce n'est plus guère qu'un détail pittoresque d'architecture ; mais au xve et au xvie siècle encore, cela signifiait un seigneur, une forteresse armée, souvent une haute ou basse justice. Tous ces châteaux se dressaient en rivaux les uns en face des autres.

Ce pullulement de petite noblesse avait frappé l'historien de Thou, qui écrivait au début du xviie siècle : « Ce pays est si rempli de noblesse qu'à peine peut-il la contenir. Les esprits y sont durs, querelleurs et remuants. On a remarqué qu'il n'y a pas en France de trouble de quelque importance, dont les premiers fondements n'aient été jetés en Périgord et par les gens de ce pays. » (ix, 522).

On conte à ce sujet la légende suivante : Le diable portait les titres de noblesse, enfermés pêle-mêle dans un sac, lorsque, pour faire une bonne farce au monde, il en versa le contenu sur la terre. Les plus gros tombèrent d'abord : c'étaient des titres de ducs, de princes, de marquis. Puis vinrent les moyens et les petits. Chaque pays avait reçu sa juste part, lorsque le diable s'aperçut tout à coup que le Périgord était oublié. Or, le sac était presque vide. Alors le diable secoua sur notre pays toute la poussière du fond, les débris de titres, tortils et couronnes minuscules.

Cette légende (qui est bien dans l'esprit caustique de nos paysans) traduit les sentiments que faisait naître cette multitude de petits seigneurs désoccupés et jaloux, qui passaient leur temps à se guetter du haut de leur donjon ou de leur pigeonnier.

La guerre de Cent ans fut une bien belle époque pour les capitaines et chefs de bandes, et bien misérable pour le populaire. On sait que nos luttes contre les Anglais furent d'une particulière et persistante violence. C'est alors que furent bâtis de toutes parts chez nous ces petits bourgs fortifiés qui utilisaient pour leur défense les moindres abris naturels, comme mon village familial de la Roque Gajac, blotti sous son rocher protecteur, dont les anfractuosités devinrent autant de forteresses.

A la faveur de ces troubles, des gentilhommes ambitieux rêvaient de se tailler quelque fief nouveau. On les voyait passer en un jour du roi de France au roi d'Angleterre, ou inversement — et c'était pour eux simplement changer de parti. Tel ce Gilbert de Domme, maître du rocher de Domme, qui s'entendit secrètement avec les Anglais pour leur livrer Sarlat. L'entreprise, avec l'aide de Donadei, consul et chef d'une vieille famille sarladaise, allait réussir, et déjà les échelles étaient posées contre les murs de la ville, lorsque l'alarme fut donnée. Sarlat échappa à la domination anglaise. Le traître Donadei fut cousu vivant dans un sac et jeté dans le ruisseau de la Cuse (1).

Mais ce furent les guerres de religion surtout qui troublèrent le Périgord. La Ligue trouva chez lui le plus propice terrain de discordes. En général, la noblesse des vallées, plus impatiente, plus mobile, se déclara pour le parti nouveau ; sous le symbole religieux, elle voulait servir la cause de la liberté et du fédéralisme. Montfort, fief héréditaire des Turenne, fut une place-forte calviniste ; de même Beynac, et les Milandes, et d'autres châteaux situés aux bords de la Dordogne. Bergerac devint le foyer de l'activité protestante.

Au contraire, les seigneurs retirés dans les terres, loin de la vallée, et d'un tempérament moins novateur, ceux de Campagnac, de Paluel, de Puymartin, etc., défendirent âprement le catholicisme. Et Sarlat, la vieille cité consulaire, resta fidèle au Roi, infligeant au vicomte de Turenne, en 1587, un mémorable et sanglant échec.

Mais des trahisons venaient sans cesse brouiller les cartes. François de Saint-Ours, catholique, s'introduisait dans Belvès avec ses troupes, sous prétexte de défendre la ville contre les ligueurs, et tout à coup, faisant fermer les portes, il déclarait sa foi protestante, proclamait la ville prise et égorgeait froidement les amis qui l'avaient appelé.

Ces capitaines, ces hobereaux luttaient-ils pour des principes ? Luttaient-ils même pour des intérêts ? Je crois qu'ils luttaient surtout pour le plaisir. C'était une sorte de brigandage joyeux, de banditisme à l'état chronique, d'ailleurs nullement infamant et fort bien toléré par les mœurs. Sully, dans ses *Mémoires*, donne une image sur le vif de ce qu'était cette petite guerre périgourdine.

---

(1) Pour l'histoire de la région sarladaise, j'ai fait des emprunts à l'ouvrage de J.-J. Escande : *Histoire de Sarlat*. M. J.-J. Escande prépare un travail important sur l'*Histoire du Périgord*.

Les habitants de la bastide de Montpazier étaient jaloux de la bastide voisine de Villefranche. Cette rivalité se traduisait par des pillages, des sacs alternatifs, qui paraissent avoir entretenu la bonne humeur de part et d'autre, car nulle des deux cités ennemies n'eut l'idée de la faire cesser par un traité. Combien de ces rivalités de villes et de bourgades voisines se sont transmises ainsi chez nous d'âge en âge, prenant un caractère plus impérieux à mesure que les causes en devenaient plus lointaines et plus obscures ! Vous en citerez vous-même cent exemples. L'orgueil collectif des petites cités a succédé à l'orgueil des petits seigneurs d'autrefois. Il n'y a pas bien longtemps encore, les conscrits de certaines communes étaient dans l'usage de se lancer de véritables défis ; et ces Horaces et Curiaces jouaient l'honneur de leur village dans de petites batailles rangées...

Mais revenons à Villefranche et Montpazier... Villefranche étant restée catholique, Montpazier s'était ralliée à la Ligue. Or, les habitants de Villefranche résolurent un jour de s'emparer de Montpazier, dans le même moment où les habitants de Montpazier nourrissaient le projet de faire le sac de Villefranche. Les deux troupes, ayant pris la nuit des chemins détournés et savants, ne se rencontrèrent pas. Montpazier, sans défense, fut occupée par les troupes de Villefranche, et Villefranche livrée sans résistance aux gens de Montpazier. De part et d'autre, on pilla, on se gorgea de butin, on se proclama vainqueur. Mais l'aube vint et chacun connut sa méprise... Tous étaient victorieux, mais tous étaient ruinés... Ne vous semble-t-il pas que ce petit récit du bon ministre de Henri IV enferme une malicieuse condamnation de la guerre ?

Je n'en finirais pas si je voulais esquisser seulement l'histoire des violences que les guerres de religion déchaînèrent dans notre province. Celles-ci étaient à peine terminées, que la Fronde ranima le vieux levain batailleur du Périgord. Sarlat connut alors des jours héroïques. Soumise malgré elle à la tyrannie d'un soudard, nommé Marchin, la ville fit semblant de se résigner, mais la population secrètement s'organisa, s'arma, et ce furent, un beau soir, dans la cathédrale, de véritables Vêpres siciliennes, avec accompagnement de tocsin, carnage et chants d'ivresse... Le souvenir en vit encore dans certain dicton du lieu : *As dagat ? Se n'as pas dagat, dàgo,*

Se boleis pas, te dagarai. (As-tu tiré la dague ? Si tu ne l'as pas tirée,
tire-la sinon, moi, je la tire contre toi).

* *
*

On pourrait croire que ces goûts violents disparurent avec ces
époques troublées. Ils se transformèrent seulement. Certes, l'attaque
à main armée, le brigandage par troupes devinrent, aux siècles
suivants, des faits d'exception ; mais à consulter les archives de
justice, les procès des présidiaux, et plus tard des tribunaux de
première instance, un observateur ne pourra s'empêcher de
reconnaître la persistance extraordinaire, sous de nouvelles formes
larvées, de l'antique goût du pillage (1).

Le Périgord était, hier encore, un pays de beaux crimes. La
criminalité y garda longtemps une teinte d'originalité archaïque :
vendettas, brigandages, incendies de châteaux (2)... Le dramatique
épisode que raconte Eugène Le Roy dans *Jacquou le Croquant* —
et qu'il place vers 1830 — de l'attaque organisée et de l'incendie du
château de l'Herm par une bande de paysans, n'a rien encore
aujourd'hui qui nous paraisse invraisemblable. Il fait suite à
d'innombrables révoltes de paysans et jacqueries, que notre
province a connues, presque toutes nées à l'occasion d'impôts
nouveaux. Ce sont là les dernières flammes d'un instinct qui
s'apaise, mais survit encore.

Il serait intéressant, poursuivant la méthode dont j'use ici, de
rechercher dans l'histoire criminelle du pays, les dégradations
successives de la manie guerrière à travers les âges.

L'on m'accordera par exemple que ces bandes de brigands, dont
les forêts et les combes sauvages du Périgord ont été les derniers
refuges, sont bien d'authentiques descendantes des bandes armées
du xvi⁰ siècle. Certains noms de lieux, fréquents chez nous —
(*Curo boursil, Coupo-boursil,* ou *Prends-toi garde !*) — suffisent
à indiquer la nature des dangers que l'on courait sur nos routes
il n'y a pas encore un siècle. S'agissait-il de banals voleurs ?
Non pas. Ces brigands avaient de l'allure et du caractère.

Mon enfance a été bouleversée par les récits des exploits de la
célèbre bande Mazière, qui avait élu domicile dans un vallon
solitaire du Sarladais, où, le soir encore, règne un silence peureux.

---

(1) Voyez Tarde, l'*Archéologie criminelle en Périgord* (Etudes pénales et
sociales).

(2) N'a-t-on pas, récemment encore, aux assises de Périgueux, jugé un cas
monstrueux de *castration*, alors que ce crime a presque disparu de nos annales
judiciaires ?

LA PLACE DU MARCHÉ, a Sarlat

Ces bandits se cachaient dans des fourrés et des grottes inaccessibles où il fallut les enfumer pour les prendre, — mais après de longues années de vaines poursuites, — L'on apprit alors que la bande se composait de bons paysans du lieu, de propriétaires des fermes voisines qui, le jour, faisaient leur besogne de paysans, et la nuit venue, se livraient à ces divertissements de haute saveur, sous la conduite d'un des leurs, paysan intelligent et sans scrupules, dont ils subissaient l'ascendant. Mazière et ses complices furent exposés au carcan sur la place des Noix, à Sarlat. Il est difficile de retrouver en eux les tares ordinaires des criminels, encore moins les suggestions du milieu ; ce sont vraiment des instincts ataviques qui se réveillent...

* *

Mais je m'aperçois que, vous ayant promis une causerie sur l'esprit périgourdin, je n'ai encore parlé que de pillage et de crimes... C'est que les premiers fruits d'un arbre vigoureux, vous le savez, sont acides et verts ; nous allons arriver aux fruits plus doux de la maturité.

Qu'on m'excuse cependant si, de brigands et de bandits, je passe, par une transition un peu elliptique, aux avocats et aux hommes de loi. Je n'y mets nulle malice ; mais on comprend que si la sève batailleuse est au fond du caractère périgourdin, elle doit se muer au cours des siècles en humeur processive. Or, c'est bien à l'amour des procès qu'il faut attribuer l'abondance d'hommes de loi et de juristes qui a signalé de tous temps notre province. Les pillages et les vendettas d'autrefois sont devenus de belles procédures savantes, interminables... L'auteur des *Délices de la France*, Savinien Alquié, écrit au xviie siècle, de Sarlat : « Sa grandeur est médiocre, mais sa laideur est très grande. Les esprits y sont subtils et en quantité. » Et il ajoute que les procès et les querelles y sont constants entre les partis.

La source principale de ces querelles nous est connue : c'étaient des questions de préséance où l'intérêt était moins engagé que la vanité. La vanité est le péché mignon des Gascons. Montaigne lui-même n'en fut pas exempt ; et nous lui pardonnerons volontiers certaine pointe d'humeur vaniteuse, parce qu'il a prouvé par là qu'il était bien de chez nous. Rien n'est plus insupportable à un bon périgourdin que de se voir dépasser par son voisin. Voyez le retour des foires à Sarlat : le plus modeste ânon, le plus minuscule *asinou* fait des efforts désespérés pour rivaliser avec les chevaux, voire les chevaux de race. Avec sa bourrique ou son mulet à ruades, le brave paysan tient le milieu de la chaussée, s'y installe, aveugle et sourd aux appels de ceux qu'il entrave ; il pique sa monture, la frappe avec le manche du fouet sur les reins, sur la croupe ; il fait tant et si bien qu'il arrive le premier, insulté, fourbu, mais content. Et le soir il raconte sa prouesse à Fantille...

Eh bien ! cet acharnement comique du petit âne sarladais à dépasser la jument, me revient en mémoire chaque fois que je lis les vieilles chroniques de mon pays et que j'assiste aux querelles séculaires entre ses divers ordres, corporations et chapitres, durant tout l'ancien régime.

Querelles dont la puérilité nous confond aujourd'hui ! Il s'agissait des moindres honneurs — celui de prendre le premier l'eau bénite au goupillon, de passer le premier à l'offrande, etc. Les prêtres étaient plus pointilleux encore sur ce sujet que les laïcs — et c'est un trait de caractère qu'Anatole France prétend qu'ils ont conservé de nos jours. La procession traditionnelle de saint Sacerdos, patron de la ville de Sarlat, dégénéra maintes fois en rixe parce que le doyen et les chanoines s'y disputaient le port des reliques.

J'ai vu moi-même, étant enfant, dans ma ville natale, les restes d'une institution archaïque : les confréries des Pénitents. Ils se réunissaient aux enterrements, vêtus d'une longue tunique bleue ou blanche, un capuchon baissé sur les yeux, et portaient eux-mêmes les morts sur des brancards. Je me souviens encore de leur pas pesant, rythmé, et de l'étrange beauté de cette mascarade funèbre. Cette coutume établissait une émouvante fraternité entre les vivants et les morts. Mais la fraternité avec les morts n'excluait pas l'hostilité entre les vivants. Il y avait deux confréries de Pénitents, naturellement ennemies, et la bourgeoisie de la ville se divisait entre elles : on naissait *pénitent blanc* ou *pénitent bleu*. Deux partis, deux castes, Capulets et Montaigus — dont les querelles ont défrayé les chroniques de Sarlat.

Mais c'est la classe des chirurgiens qui apparaît comme la plus troublée de querelles et de jalousies intestines... Ces rivalités ne disparaissaient que devant l'ennemi commun : je veux dire un nouveau concurrent.

Ces ancêtres de nos aimables docteurs périgourdins formaient du reste une famille bien originale. C'étaient, à peu près, ce que sont nos rebouteux de campagne ; mais ils avaient plus qu'eux l'amour du lucre et un sens étonnant du prestige de l'uniforme. Voici en effet le costume adopté par l'un d'eux pour soigner les pestiférés :

« Je me suis fait faire, écrit-il, un habit de maroquin, et j'ai pris l'habitude de ne jamais sortir sans avoir dans la bouche de l'ail, dans les oreilles de l'encens, dans les yeux des bésicles. Plus tard, je me fis faire un masque du même maroquin que l'habit où j'avais fait attacher un nez long d'un demi-pied pour détourner la malignité de l'air. » Mais détournaient-ils, pour autant, la malignité des spectateurs... et des spectatrices ? J'en doute.

*
* *

Violence et rudesse, humeur processive, amour-propre, ces traits que j'assemble ne donneraient cependant pas l'idée du visage que je veux dépeindre, si je n'y ajoutais tout de suite l'*esprit*, la *finesse pénétrante*, l'acuité malicieuse de l'observation. Ici, les témoignages sont innombrables et de tous les âges : ils sont inscrits dans les mœurs, et surtout dans la langue, l'une des plus spirituelles et savoureuses qui soient.

Une vieille cité où se succèdent les générations, c'est un moule, un gaufrier. Le gaufrier sarladais était sombre, creusé de ruelles sales, nouées et entortillées ; ville bonne pour les embuscades et les sièges... Ce n'est qu'au XVIIe siècle qu'elle s'est parée de quelque grâce, losqu'on bâtit le Plantier. Jusque-là, pas d'arbres, peu d'air et de lumière, des boyaux étroits où s'entassaient des hôtels orgueilleux, mais pleins d'ombre et d'humidité... Avec cela, une vie collective puissante, entretenue par une population dense, pressée, qui n'avait rien de mieux à faire qu'à s'observer, se guetter, s'envier, se quereller... A la longue, cela a dû former un peuple malicieux, intelligent, batailleur, ayant le goût de la vie sociale, avec un certain scepticisme élégant, indispensable pour vivre en commun...

Il y a vraiment deux types d'esprits irréductibles dans le monde : ceux qui savent plaisanter et ceux qui ne savent pas — ceux qui ont l'esprit railleur, vif, alerte, « moucandié » — et ceux pour qui l'ironie est chose fermée. Je ne prends pas parti entre eux, je

constate seulement que le Périgourdin a la moquerie « dans le sang. »
Il est un mot de sa langue qui n'a pas d'équivalent exact en français :
c'est *debignâ*, qui signifie contrefaire, — contrefaire en raillant —
mais c'est plus expressif que contrefaire, et c'est bon enfant en
même temps. Or les *debignaireis* et les *moucandiés* sont légion
chez nous.

Ah ! il n'est pas facile de leur en faire accroire, à nos paysans, et
tel étranger débarqué chez eux, qui pense les éblouir, s'il écoutait
leurs propos après son départ, perdrait un peu sa contenance. Rien
de plus délicieux, du reste, que de surprendre la libre causerie de
deux bons paysans connai sant bien leur langue (ils deviennent
rares) et de recueillir au passage leurs trouvailles spontanées de
langage, leurs expressions imagées, souvent forgées à l'instant
même .. Car l'esprit est ici dans le mot autant que dans la chose
dite — et, la langue n'étant pour ainsi dire pas écrite, ni fixée, ni
étriquée dans des vêtements à façon (1), — chacun reste libre d'en
jouer à sa guise, en artiste...

Que de jolies expressions ! On les moissonnerait par milliers !
Mais je ne puis insister, et je me bornerai à en citer quelques-unes
au hasard : *grumilhâ*, qui veut dire pleurer un peu (cette consonnance
mouillée a quelque chose d'exquis et d'ironique en même temps) [2],
d'esterlusido, en un clin d'œil ; *escorabilha*, éveillé ; *couconnié*,
casanier, qui vit au foyer ; *lou rebul*, le rayonnement de la chaleur ;
la garbo baudo, le repas de la moisson (c'est un festin colossal) ; *un
tindourel*, un étourneau ; *un porsigan*, un trouble-fête, dont on se
passerait bien ; *desogna*, tiré du nid, déniaisé ; *maridadoulo*, une fille
bonne à marier (lorsqu'elle sait découper la tourte de pain en fines
tranches, etc.) ; *soumàri*, sombre, abattu ; *la fasilhèro*, la fée, la
sorcière. Et celui-ci, pour terminer : on appelle le dernier né de la
famille *lou catcho-niu*, littéralement le presse-nid, l'oiseau qui est au
fond du nid...

Mais certaines appellations courantes sont elles-mêmes d'anciens
mots d'esprit enchâssés dans le vocabulaire, et dont bien peu se
souviennent en les répétant. Par exemple, cet ustensile fait d'un
double cerceau d'osier, que Paris, qui s'imagine connaître les

---

(1) Je dois rappeler cependant que, sous l'impulsion de M. Camille Chabaneau,
le savant romaniste, l'Ecole félibréenne du Périgord (*Le Bournat*) a fixé l'orthographe
et le lexique de la langue périgourdine, ceux-là même que j'adopte ici.

(2) Ce mot conserve la racine du latin : *lacryma*, larme. Il paraît qu'en certains
villages perdus du Périgord on dit encore *la grumo*, la larme.

UNE VIEILLE MAISON
en Périgord

voluptés, ne connaît pas et pourrait nous envier : le moine (pour chauffer le lit). C'est un souvenir du temps où les moines étaient gras et rebondis et fort idoines à l'office de calorifère.

Si je recueillais maintenant les proverbes courants, que d'observations fines et mordantes je découvrirais ! Vous connaissez tous :

> Cu trabalho,
> Minjo la palho.
> Cu fai rè,
> Minjo lou fè.

(Le travailleur mange la paille, le paresseux mange le foin).

Et celui-ci :

> D'un marchand ni mai d'un porc,
> L'un n'en sap rè qu'après la mort,

qui traduit brutalement la méfiance qu'inspirent aux paysans les gros marchands des foires.

De même, dans une note plus mélancolique :

> D'un albre toumba, cadun n'en fai soun fai.

(D'un arbre tombé, tout le monde fait son fagot).

Ou bien :

> Tal guilho Guilhot, que Guilhot lou guilho.

(Tel guigne une personne, qui est guignée par elle).

Et encore :

> Cu piaulo, riaulo.

Qui se plaint (gémit faiblement), dure (vit longtemps).

J'ai entendu de la bouche d'un paysan cet aphorisme savoureux : « *La fenno ei coumo la fausso mounedo, passo de mo en mo, e qu'èi lou pus sot que la gardo.* » (La femme est comme la fausse monnaie : elle passe de main en main, et c'est le plus sot qui la garde.)

Mais il faut bien le dire, cette langue si spirituelle et si rude aussi (car c'est la langue des *sirventès* fameux de Bertrand de Born, où respire une farouche énergie guerrière), cette langue est assez malhabile dans la tendresse.

Tandis qu'elle compte cent savoureux synonymes pour exprimer la lutte et les coups : *lou bourma* (en plein visage), *lou mourral* (dans le nez), *lou timpla* (la gifle), *l'eissourelhado* (tirer les oreilles), *l'escoupetado* (dans la nuque), *la pouitrado* (dans la poitrine), *la groupignado* (avec les ongles), *lou tiro-te-en-lai, l'eitrilhado, la fretado, la cromado, loù curodi* (dans les yeux), etc... ; il n'est qu'un seul mot, en revanche, pour le baiser (et encore est-ce le baiser de l'enfant à sa mère, plutôt que celui de l'amant) : *poutounâ*.

La remarque est amère, mais l'indication est nette. La femme, ici, est surtout un plaisir bref, et, comme dit un proverbe espagnol, un simple condiment aux plaisirs de la guerre.

Cependant, peut-être la tendresse du paysan se cache-t-elle... Il est forcé d'être dur par métier, car il sait le prix de la force et de la santé ; mais, dans l'intimité, il a des délicatesses inattendues. Et c'est le sentiment maternel surtout qui les lui révèle. Il est un petit mot très doux, intraduisible, comme un bêlement, et qui forme une appellation caressante : *mèu.* Cette seule syllabe légèrement traînée — *mèu* — renferme des trésors d'amour. La mère se penche vers son petit qui pleure : *Bolèi tetâ, mèu ?* Et c'est comme si elle disait : Veux-tu teter, *mon petit enfant mien ?* Mais ces manifestations sont rares, car c'est l'homme qui domine ici.

Je note à ce sujet une singulière expression courante. Un vrai paysan ne dira jamais *ma femme*, mais *notre femme, nostro fenno.* Pourquoi ? C'est assez mystérieux. Sa méfiance innée le conduirait-elle à croire que ce possessif *ma* a quelque chose d'un peu hasardeux ? Serait-ce une précaution oratoire pour le cas où *notre* femme ne serait pas *ma* femme à moi tout seul ? Ou plutôt cette expression ne reflète-t-elle pas l'importance de la femme dans la maison ? La femme n'est pas au service de l'homme seul ; elle est au service de tous : des enfants, des vieux, du bétail même ; elle est le centre du foyer. Au fond, c'est très flatteur pour elle, et dans toutes les bonnes maisons du Périgord, où la femme remplit encore sa mission traditionnelle, on devrait dire pour l'honorer : notre femme.

Je dois ajouter qu'ayant posé la question à un paysan, il me fit cette réponse que je donne à titre de renseignement : « Je dis *notre* femme parce que

si la perdi, m'atzudaran à la tchercâ »

(si je la perds, on m'aidera à la chercher, tandis que si je dis : *ma* femme, personne ne voudra m'aider.)

Est-ce que la vie conjugale d'autrefois méritait toutes les plaisanteries que tant et tant de chansons et de proverbes nous rapportent ? J'ai peine à le croire. Songez à l'étroite et abusive surveillance que tous exerçaient sur la vie privée de chacun. Cette ancienne coutume, encore usitée de nos jours, de faire un charivari à la veuve qui se remarie — que de charivaris depuis la guerre ! — n'est-elle pas un vestige du droit que chaque communauté s'arrogeait de veiller sur les mœurs de tous, parce qu'il y avait alors une solidarité étroite, un honneur collectif du village ou de la cité ? Et n'explique-t-on pas de même les pénalités pittoresques que l'usage voulait qu'on infligeât non seulement au mari trompé, mais même au mari battu — comme de se laisser promener en procession sur un âne, la tête tournée vers la queue ?... Car un mari battu, même s'il était content, déshonorait la corporation des maris, et nul n'avait l'idée de s'en prendre à sa femme — mais bien à lui-même — de son infortune. Et quelle inquisition abusive encore — quelle tyrannie poussée jusqu'aux extrèmes limites — que cet usage de porter le tourin à la mariée la nuit de ses noces ! J'ai assisté à une cérémonie semblable et je n'oublierai jamais l'air de gaieté forcée, qui dissimulait mal une gêne affreuse, avec lequel la petite mariée villageoise nous reçut, pâle dans sa longue chemise de toile écrue, et prit du bout des lèvres une cuillerée du potage poivré... Depuis lors, je ne ris plus au souvenir du tourin de la mariée...

Si le Périgord possède de nombreux dictons, quelques contes grivois (dont les fameux *doux douzils*), il a créé bien peu de légendes et de féeries. Encore peut-on faire à leur sujet la même remarque qu'à propos du vocabulaire de la langue : l'amour y tient peu de place. Je ne connais guère qu'une légende gracieuse de chez nous, et je soupçonne fort quelque lettré de nos jours de l'avoir construite de toutes pièces. La tour penchée de la Vermondie en est le sujet ; c'est une ruine qui domine la Vézère, non loin de Thonac. Autrefois, le sire de la Vermondie avait une fille qu'il destinait à quelque preux de sa race. Mais elle aimait un pauvre ménestrel. La veille de ses noces, la jeune énamourée, à sa fenêtre, interrogeait l'horizon espérant que son beau galant la viendrait consoler. C'était un soir de clair de lune et de rossignols.

Tout à coup, elle entendit, au bas de la tour, une voix qui l'implorait : « Descends... — Je ne puis, bel ami ; mais chantez, que je vous entende une fois encore avant de mourir. » Et le ménestrel prit sa viole, et si tendre, si douce fut sa complainte que la tour, émue d'un si grand amour, la tour enchantée, la tour complice,

s'inclina lentement vers la terre jusqu'à ce que les deux amants
fùssent réunis...

*
* *

Cette population si originale, dont j'ai à grands traits dessiné
le caractère, on la voit parler et vivre dans l'œuvre d'un grand
romancier envers qui la gloire, de son vivant, fut assez chiche,
mais dont la renommée grandit chaque jour depuis sa mort : je
parle d'Eugène Le Roy.

Cet humble employé des finances fut, presque toute son existence,
percepteur dans les plus petites bourgades de la Dordogne : Domme,
Montignac, Hautefort... Il ne quitta pour ainsi dire jamais le pays
où il était né ; il n'eut d'autre curiosité que de le connaître toujours
mieux. Toute son œuvre — environ dix volumes, dont deux ou trois
chefs-d'œuvre — lui est consacrée. On n'a jamais aimé sans doute
d'un amour plus tendre et plus fort sa terre natale...

Une première remarque touchant l'œuvre de Le Roy, c'est que l'action
de ses romans se place presque toujours dans la première moitié du
siècle dernier. Ce choix s'explique dès que l'on connaît les idées
maîtresses de notre auteur. Je dis : les idées maîtresses, et il n'y
en a peut-être qu'une, mais elle lui tient à cœur : c'est la *libération
du paysan* — le vœu que la terre soit la propriété exclusive de ceux
qui la travaillent. Or, c'est durant cette époque, qui va de la
Révolution de 89 à la Révolution de 48 et au coup d'Etat de 52,
que le régime politique du paysan s'est élaboré. L'ancienne société
féodale, fondée sur la puissance foncière de la noblesse et du clergé,
n'était pas encore tout à fait détruite dans les mœurs ; la nouvelle
société démocratique essayait ses forces.

Contre ceux qu'il considère comme ses ennemis traditionnels — les
seigneurs de la terre et leur allié le clergé — *Jacquou le Croquant*
se dresse dans sa brutale franchise. C'est une figure de légende,
ce Jacquou ! Fils de révoltés paysans, héritier de la tradition
révolutionnaire, il a juré de venger son père, mort au bagne,
victime du comte de Nansac. Orphelin dès le bas-âge, il s'élève
tout seul dans une forêt perdue du Périgord, la Forêt-Barade. Et
cette vie d'un jeune enfant solitaire au milieu des bois inspire à
Le Roy quelques pages magnifiques, d'une poésie sans apprêt,
simple et grande. Bientôt il est recueilli par un pauvre prêtre de
campagne qui l'élève, mais qui, persécuté pour ses opinions

L'ENTRÉE DU BOURG
de La Roque-Gageac

politiques, est excommunié par l'Eglise. Jacquou voit son protecteur tomber dans le dénûment ; sa haine contre les Nansac s'en accroît. Après des incidents romantiques, un emprisonnement dans les oubliettes du château, d'où il échappe par miracle, Jacquou ameute enfin des paysans, organise une équipée nocturne, s'empare du château et y met le feu. Il passe en cour d'assises ; mais c'est le premier jour de la Révolution de 1830, et il est acquitté.

Est-ce un roman ou une épopée ? Est-ce une chanson de geste ? Un véritable souffle lyrique traverse et entraîne l'ouvrage entier. Et bien que le style reste toujours net, clair et (si l'on excepte la surcharge et l'abus des mots patois) d'une simplicité classique, c'est le lyrisme qui fait le caractère et la grandeur de Jacquou. L'incendie du château de l'Herm, la bravoure et la loyauté de ce jeune capitaine paysan improvisé, l'enlèvement de la fille de Nansac, belle créature que Jacquou sauve malgré elle et qui ne peut s'empêcher d'admirer ce héros qu'elle exècre, tout cela nous plonge dans l'atmosphère des Lancelot et des Merlin. C'est un récit des âges féodaux. Jacquou, c'est la geste périgourdine...

En vérité, ce sont presque toujours des mentalités archaïques que Le Roy fait vivre dans ses romans. Non seulement ses gentilshommes sont des féodaux (et il n'a pas dépeint que de mauvais nobles ; on trouve chez lui quelques jolies silhouettes d'honnêtes hobereaux et même de pures images de jeune châtelaine, comme cette demoiselle Ponsie de Puygolfier, qui repasse à la cuisine, tout en blanc, cotillon et manteau-de-lit, et qui empile le linge dans les armoires), mais ses paysans eux-mêmes appartiennent aux âges anciens. Jacquou, et aussi bien Nogaret dans le *Moulin du Frau,* sont de la race des serfs d'autrefois, de ceux qui faisaient les jacqueries. Et cependant, par une prodigieuse rencontre, où éclate vraiment le génie de Le Roy, tous ces personnages sont d'aujourd'hui ; nous les reconnaissons sans peine. C'est que notre auteur les a dépouillés de leurs traits superficiels ; il a vu leur atavisme profond. Jacquou n'est pas seulement le paysan de 1830, c'est le paysan périgourdin d'aujourd'hui et de toujours. Car on ne peut le comprendre, ce paysan, on ne peut expliquer ses rancunes persistantes, si l'on ne remonte aux siècles écoulés. Dans ses sentiments essentiels, il est resté fidèle à lui-même, à travers les changements des mœurs et de la politique.

Aussi, écoutons-le parler. Le Roy met en scène tout le long de ses ouvrages. C'est un procédé chez lui d'exprimer son héros tout entier, avec ses conceptions économiques, politiques, sociales. Quel est le grand rêve de Jacquou, de Nogaret, de ces paysans révolutionnaires, qui sont au fond des conservateurs ? C'est le rêve d'une démocratie paysanne, sans nobles oisifs et sans parasites, où les travailleurs seuls possèderaient la terre. « Quelque jour, je vous le dis, la terre sera aux paysans... » Ainsi prophétise, le cœur plein de foi, Nogaret dans le *Moulin du Frau*. Et il traduit ainsi, soyons-en assurés, le vœu profond des paysans de nos provinces.

Qu'est-ce, au surplus, que le *Moulin du Frau* ? Quel est le sens de cette charmante fresque rustique, où revivent pour notre plaisir tous les vieux usages, toutes les coutumes, tout le folklore délicieux et naïf du Périgord ? C'est l'illustration d'une idée sociale, c'est un symbole : la lente ascension d'une famille paysanne qui, petit à petit, conquiert la terre, en regard d'une famille noble qui déchoit et s'éteint.

Rien n'irrite davantage cet apôtre des revendications paysannes que le spectacle d'une famille de métayers, placée depuis plus de cent ans sur le même sol qu'elle a fécondé, et qui s'en va, chassée par le maître, ne gardant pour toute richesse que ses petits enfants...

Ce culte de la terre, cet espoir presque mystique que la terre sauvera un jour ceux qui l'ont remuée avec tant d'amour, qu'elle supprimera leurs souffrances, n'est-ce pas comme le mythe héréditaire de notre race paysanne ? On en trouverait la trace chez un autre écrivain paysan, chez le troubadour d'Agen, Jasmin, qui touche au Périgord par tant de liens d'amitié. Jasmin, dont les idées politiques étaient cependant à l'opposé de celles de Le Roy, a exprimé souvent cette même confiance en la terre régénératrice ; et c'est au cours d'un de ses voyages triomphaux en Périgord, c'est au Comice agricole de Bergerac, en 1846, qu'il prononça ces vers :

> « Car n'es que de la terro, en grand desbouzigado,
> » Qu'un jour beyrem sourti lou baume tant cercat,
> » Que soul puyra gari dins la bilo, à la prado,
>   » La plago de la pauretat. »

(C'est de la terre seule, de la terre défrichée et à fond remuée, que sortira un jour le baume tant espéré qui guérira dans le monde la plaie de la misère.)

Notez que les enthousiasmes révolutionnaires de Jacquou aboutissent à cela : une *aspiration puissante à la propriété*. C'est le fond de toute Révolution. C'est le fond sans doute du bolchevisme lui-même, dont les principes, théoriquement destructeurs de toute propriété, n'ont eu pour effet que de créer et consolider en Russie une petite propriété paysanne.

Et la guerre, qui entraine elle aussi une sorte de révolution, mais sourde et progressive, n'a-t-elle pas amené chez nous, sous nos yeux, des conséquences semblables ? N'a-t-elle pas élevé ici, en Périgord, comme ailleurs, une classe nouvelle de petits propriétaires, les tenanciers de la veille, qui, grâce aux prix forts des denrées, ont pu racheter à leurs maitres les terres qu'ils cultivaient ? C'est ce qu'on a appelé la conquête paysanne.

La conquête paysanne ! Elle eût enchanté notre auteur. Au fond de cette âme de démocrate farouche, à l'ancienne mode, de socialiste de 48, on découvrirait aisément un robuste esprit conservateur, au grand sens du mot. Dans telles pages du *Moulin du Frau* ou de l'*Année rustique en Périgord* (ce curieux almanach paysan, aujourd'hui presque introuvable et qu'on devrait bien rééditer) c'est le vieux réactionnaire paysan qui parle. Si cet enfant de la Révolution (qui ne voulut d'autre emblème sur sa bière qu'un drapeau tricolore) se dresse contre tous les privilèges et toutes les inégalités, il n'est pas pour cela plus tendre envers les innovations, quelles qu'elles soient, et ce qu'on nomme le progrès le trouve défiant et sans enthousiasme. Il déplore que l'instruction rende le paysan ambitieux et l'éloigne des champs. Il regrette même qu'on ait construit des routes, car si elles font circuler la richesse, elles ouvrent au paysan l'accès des villes ; elles apportent jusqu'au fond des campagnes l'idée des plaisirs qui corrompent ; elles détruisent lentement le vieil idéal paysan.

Tout cela est d'un accent rude et fort, d'une haute et grave inspiration. Il n'est qu'un trait qui manque, à mon sens, au paysan de Le Roy : l'humour, la raillerie fine et mordante. Le Roy n'a pas vu sourire l'homme de chez nous ; il a chanté surtout, comme il le dit lui-même, « la tristesse du pauvre paysan périgourdin, qui depuis des siècles et des siècles mord les dures tetines de la Pauvreté ». Toute son œuvre est douloureuse et austère — si l'on excepte quelques soleillades d'été sur les champs et quelques rares et toujours très chastes pensées d'amour.

C'est qu'il fut lui-même un silencieux, un mélancolique. Et même, à mesure qu'il prenait de l'âge, son imagination devenait plus morose et presque ascétique. Je songe à ses dernières pages, à l'*Ennemi de la mort,* son œuvre culminante, je crois, à coup sûr la plus personnelle, la plus riche d'idées et de sentiments. mais aussi la plus désespérante. Lorsque le docteur Charbonnière, après avoir usé ses forces et dépensé sa fortune à convaincre les paysans de la Double d'assécher leurs étangs afin de débarrasser cette mortelle région des maladies qui la consument et de la noire misère qui l'étreint, lorsque cette âme évangélique s'éteint, abandonnée au milieu des bois, réduite au plus extrême dénûment, haïe de tous ceux qu'elle a voulu sauver (et que son idée sauvera un jour après elle), il semble qu'on touche, comme en certaines pages de la Bible, le fond de l'amertume humaine. Une sorte de mysticisme intransigeant, sombre et sans espoir, plane sur cette fin tragique, où ne se retrouve plus guère, il me semble, l'humeur sociable, vaillante et rieuse de notre race.

Mais cette réserve, ou plutôt cette observation faite (car il est clair que l'*Ennemi de la mort* se classe à part dans la série des romans périgourdins de notre auteur), il faut reconnaître en Eugène Le Roy un des plus grands romanciers régionalistes de la France — peut-être le plus grand — et parmi tous ceux-là qui ont travaillé hier et travaillent aujourd'hui à la résurrection morale et sentimentale de nos provinces, les Emile Guillaumin dans le Centre, les Paul Arène en Provence, les Pouvillon et les Léon Lafage dans le Sud-Ouest, les Goffic et les Le Braz en Bretagne, les Roupnel et les Pergaud en Bourgogne, les Moselly dans l'Est, les Perrochon en Vendée, les Pesquidoux en Armagnac, etc..., il faut lui assigner la place que mérite son génie, qui fut toujours modeste et véridique (1).

*
* *

Après ce rapide examen de l'histoire, des mœurs et de la langue du pays — confrontés avec l'image vivante qu'en donne l'œuvre d'Eugène Le Roy — je n'ai plus le loisir que d'indiquer sommairement comment l'étude des grands hommes du terroir confirmerait, et peut-être nuancerait à l'occasion, ce portrait psychologique du Périgord.

Cette étude devrait commencer par ces grands ancêtres oubliés

___

(1) On vient d'éditer un ouvrage de Le Roy : *Mademoiselle de la Ralphie,* qui avait paru autrefois en feuilleton dans un journal parisien (Rieder, éd.).

Il y a d'autres inédits, certainement. Les lettrés de notre province ne devraient-ils point s'unir en vue d'assurer l'impression complète des œuvres d'Eugène Le Roy ? C'est une œuvre de piété régionaliste et de reconnaissance qui s'impose.

UN COIN DE RUE
à Sarlat

de nos poètes et de nos moralistes : les troubadours. Ils ont inauguré une tradition de culture spirituelle et d'élégance qui, sous les dehors violents de la race, s'est maintenue toujours chez nous, à travers les siècles, dans une élite.

Le Périgord est la terre classique des troubadours. Les plus grands noms de la littérature romane sont nôtres : Aymeri de Sarlat, Giraut de Bornheil, Arnaut de Mareuil, Giraut de Salignac, Bertrand de Born, et cet Arnaut Daniel que Dante, dans son *Purgatoire*, place au-dessus de tous, et qui est de Ribérac. Les courants littéraires qui ont soulevé le Midi au Moyen âge sont nés ici.

Je sais bien qu'il s'agit d'une poésie raffinée, aristocratique, d'un art tout de forme et de métrique, presque d'un jeu de savants (on rencontre chez eux plus de 800 formes de strophes variées), et qu'on ne saurait relever dans ces œuvres aucune trace d'influence populaire. Il n'en est pas moins vrai que les prouesses subtiles où se complaisaient les troubadours s'accordent aux penchants de la race, finesse de l'observation et sens psychologique.

On peut juger de la complexité à la fois et de la fadeur du genre, par cette poésie, où Giraut de Salignac discute avec Peironet sur le sujet suivant : « Qu'est-ce qui maintient le mieux l'amour, les yeux ou le cœur ? » Ce sont là de petits problèmes qui passionnèrent les cours d'amour — et mon Dieu ! qui passionnent encore certains salons où l'on a des lettres... (On y peut voir du reste l'origine de ce genre bien français : la comédie de salon ou le *proverbe*).

Voici encore un de leurs thèmes de discussion assez curieux : « Le mariage est-il une excuse légitime contre l'amour ? » C'est-à-dire : une dame peut-elle alléguer qu'elle est mariée pour refuser de céder à l'amour de son chevalier ? Et le tribunal féminin, chargé de trancher ce cas épineux, concluait : « Non, le mariage n'est pas une excuse contre l'amour. » Seulement — rassurez-vous, Messieurs les maris — l'amour dont parlaient ces casuistes raffinés, c'était l'amour platonicien, aux yeux de qui l'âme seule compte. Car le moyen âge, si brutal dans ses mœurs, s'est enchanté d'une idée de l'amour la plus spiritualisée et la plus idéaliste que nous ayons jamais connue...

L'un de nos troubadours cependant, Marcabrun, par la violence et la crudité de l'expression, se révèle plus près de l'âme populaire périgourdine. C'était un enfant trouvé, qu'on avait surnommé *Pain perdu*. L'amour, dit-on, le délaissa toute sa vie. Et les châtelaines de Guyenne, dont il avait dit beaucoup de mal, le firent mettre à mort. (Elles se sont adoucies depuis). Sa source d'inspiration, en tout cas, est originale. Presque seul, parmi les lyriques de son temps, il jette l'anathème à l'amour :

« Amour, là où il ne mord pas, lèche plus âprement qu'un chat ...»

« Amour est semblable à l'étincelle qui couve au feu sous la suie et qui brûle les poutres, le chaume et la maison, et celui qui est pris par le feu ne sait où fuir... » (1)

Un genre très usité chez Marcabrun et chez nos troubadours en général, c'est la poésie dite *pastourelle*, parce qu'elle met en scène un gentilhomme et une bergère. Vous la reconnaîtriez sans peine : c'est le type d'innombrables chansons périgourdines, encore chantées de nos jours. La bergère écoute en souriant les fades déclarations d'un jeune seigneur ; puis, après quelques répliques malicieuses, elle le laisse penaud et déconfit et tourne les talons. Si conventionnel que ce genre apparaisse, il traduit certainement la tournure d'esprit railleuse de nos paysannes. Ces vertueuses coquettes acceptaient bien les galanteries, et même les petits cadeaux, mais elles finissaient toujours par berner leur interlocuteur... Mes renseignements ne me permettent pas de savoir s'il en est encore ainsi de nos jours.

Je ne puis citer les troubadours du Périgord sans marquer la place originale d'un des leurs, d'Arnaut de Mareuil, créateur de cette sorte de poème didactique qui s'appelle enseignement *(ensenhamen)*, et traite des qualités de l'honnête homme et de la femme honnête. Arnaut de Mareuil est un précurseur de Fénelon, cet autre grand périgourdin, en matière d'éducation féminine. On lui doit cette maxime bien étonnante pour qui s'imagine que les femmes de cette époque étaient de pauvres ignorantes et que notre siècle a inventé le féminisme : « A la femme convient parfaitement la beauté ; mais ce qui l'orne le plus, c'est le savoir et la connaissance. »

.·.

Mais arrivons aux âges classiques... Et nous verrons de plus en plus s'affirmer chez nos esprits cultivés ce penchant commun à l'observation, à la réflexion morale, caractères innés de notre race. Je n'ai qu'à citer Montaigne, Brantôme, Lacalprenède, Fénelon,

---

(1) Anglade, *les Troubadours*.

Maine de Biran, Joubert, pour faire apercevoir clairement la chaîne qui relie ces grands esprits... Le simple rapprochement de ces auteurs, si divers par leur origine et leur éducation, accuse, il me semble, je ne sais quelle parenté cachée et quelles affinités qui les situent ensemble dans ce que Sainte-Beuve appelait une même « famille d'esprits ». Le goût de l'analyse morale et psychologique, voilà, il me semble, leur air de famille.

Michel de Montaigne ! Nul ne lui contestera, je pense, outre une bonhomie savoureuse qui est bien de chez nous, le mérite d'avoir « descendu la lampe très bas, très profondément dans l'abîme du cœur. » Ce curieux de toutes choses a fait dans les *Essais* une sorte d'herbier de l'âme. Et Fénelon, le mystique ami de Madame Guyon, l'auteur des *Maximes des Saints,* le pédagogue hardi de l'*Education des filles*, n'a-t-il pas toute sa vie médité les plus subtils problèmes de la vie intérieure? De Lacalprenède, quelque alambiqués et ennuyeux que nous paraissent aujourd'hui ses interminables romans (qui faisaient pourtant pleurer Madame de Sévigné), ne peut-on pas dire qu'il fut l'ancêtre de nos romanciers psychologiques?

Voici Maine de Biran, l'illustre penseur dont peuvent s'enorgueillir les Bergeracois ; n'a-t-il pas, par la seule méthode de l'investigation intérieure et en creusant profondément le problème du moi, fondé l'une des plus puissantes doctrines de la psychologie moderne? Quant à Joseph Joubert, l'ami de Chateaubriand et de Madame de Vintimille, combien de fines pensées, de lettres pénétrantes ne lui devons-nous pas, empreintes de la science la plus sûre et la plus nuancée du cœur humain ?

Et s'il ne m'appartient pas enfin de citer Gabriel de Tarde, je le fais cependant ici non par vain orgueil filial, mais pour souligner chez ce penseur, ce fin connaisseur de l'âme, de qui toute l'œuvre proclame la primauté et la richesse de l'explication psychologique, ce qu'il devait sans doute à son origine, et pour le rattacher ainsi plus étroitement à notre sol.

Peut-être estimerez-vous ce cousinage d'esprit, que j'entrevois entre nos principaux écrivains, assez artificiel. Vous objecterez qu'ils ne se rangent pas tous à ce type ; vous citerez avec raison cette phalange de juristes, plus dialecticiens que psychologues, dont notre province fut toujours prodigue, et que l'époque révolutionnaire porta au premier plan, avec d'aussi fermes esprits que Jacques Maleville et Jean-Baptiste Loys... Mais si ces réserves sont justes, et s'il est vrai, au surplus, que l'on ne peut soumettre à aucune loi le mystère de l'originalité individuelle, je n'en suis pas moins frappé par la fréquence chez nos écrivains et chez nos lettrés de certains dons, ceux-là même que l'observation découvre communément dans le peuple de notre province.

Car l'on voit bien que chez eux ce n'est ni l'ampleur de l'imagination qui domine, ni cet art de la fiction, ni ce lyrisme si fréquents en d'autres contrées, la Bretagne par exemple. Nos poètes sont rares et chétifs ; les troubadours eux-mêmes furent plutôt des moralistes que des lyriques ; il n'y a pas de conte de fées dans nos campagnes, sauf quelques médiocres légendes d'importation... En revanche, peu de provinces, je crois, ont vu naître, autant que la nôtre, d'esprits supérieurs ayant le goût de l'analyse intime et la curiosité tournée vers les mouvements cachés du cœur.

On a compris que j'ai fait abstraction ici des hommes de guerre, parce que je me place dans le domaine de la pensée, non de l'action. Mais si notre analyse des origines de l'esprit périgourdin contient quelque parcelle de vérité, on conçoit sans peine qu'une province aussi longtemps batailleuse n'a pas dû manquer de grands capitaines, et l'on s'explique que le tableau de nos généraux, officiers et soldats de l'époque révolutionnaire, soit assez abondant et brillant pour avoir tenté l'habile érudition de M. Joseph Durieux, et que notre pays ait vu naître une aussi grande figure militaire que Bugeaud, des héros aussi populaires que Daumesnil et Fournier-Sarlovèze.

Il serait bien injuste enfin de ne pas rappeler ici le rôle admirable que les régiments levés dans nos campagnes ont joué hier encore, durant la grande guerre, témoignant ainsi que le courage et l'esprit de résistance héroïque peuvent encore galvaniser ces populations paisibles, lorsque la colère sacrée de la liberté les anime...

Ce sont là les qualités du *terroir*. Le terroir ! Que j'aime ce vieux mot, et quel sens profond enferme sa racine même ! Tout ce qu'il y a d'original en nous, il le rattache à la terre. Il fait de notre esprit une production naturelle du sol, nourrie à ses entrailles même, comme les herbes et les plantes qui lui empruntent leur goût, leur parfum propre. Il y a l'esprit du terroir comme le vin du terroir. Nous sommes les frères des végétaux, des bêtes, des rochers même de notre pays. Et nous ne pouvons aimer notre patrie sans l'aimer physiquement, pour ses horizons, ses pierres, ses arbres... Tout cela forme les traits d'un véritable visage, que nous reconnaissons entre mille, rien qu'à un coin de champ, à un toit de pierre qui fume, à un noyer penché, à un colombier en ruines parmi les bois.

Cet antique vocable, bref, coloré, simple comme les vieux mots et riche de toute une antique sagesse, ne le prononçons qu'avec piété. *Aimons notre terroir.* — Et d'abord connaissons-le ; étudions-le dans notre histoire, dans notre langue, dans nos usages et nos traditions, afin de discerner mieux en quoi il nous enrichit et à quoi il nous oblige...

*
* *

Ainsi j'ai fait, à travers les âges, une rapide enquête sur l'esprit de notre province. Et le portrait que j'ai esquissé, s'il offrait des traits un peu rudes tout à l'heure, s'adoucit maintenant, je l'espère, à vos yeux.

Pour exprimer ce que l'âme périgourdine cache de forces et de vertus secrètes sous sa rude enveloppe, je ne trouverai pas de meilleure image que celle d'un fruit qui est l'un des produits les plus précieux de notre sol.

Prenez une noix. Comme elle se défend bien derrière sa double écorce, l'une amère et corrosive, l'autre dure, inattaquable à l'acier même et où s'usent en vain les dents ! Et pourtant, quand on l'a ouverte, quelle graine exquise elle donne : la graine avec quoi l'on fait toutes les douces choses : l'huile, la pâte fine et parfumée... ! Or, pour posséder tout cela, il suffit de connaître le joint. Il n'y a qu'un joint où la noix s'ouvre. Il n'y a qu'un ressort qui fait céder le cœur d'un vrai périgourdin. Si vous le trouvez, ce cœur ne sait plus résister...

Je ne sais si j'ai médit de ma province. Du moins, je l'ai fait sans le vouloir. Mon dessein était de vous convaincre de l'originalité de sa race et du devoir que chacun de nous assume envers elle d'en sauvegarder les qualités propres, d'en développer les dons innés. Il n'est pas d'autre méthode pour préparer et pour mériter d'abord cette autonomie provinciale que les meilleurs esprits de notre temps s'accordent à réclamer.

Vous entendez parfois médire du particularisme provincial. On exprime la crainte qu'il ne divise et ne morcelle cette nation homogène que trois siècles d'histoire ont lentement formée. Mais il ne s'agit point de diviser ; il s'agit d'unir au contraire, de substituer des groupes provinciaux organisés à des individus isolés, de reconstruire selon son ordre naturel la France pulvérisée par la centralisation monarchiste et révolutionnaire. Et cette reconstruction régionaliste n'est que le pendant de la reconstruction syndicaliste qui assemble les hommes non plus selon la région, mais selon le métier, groupement *vertical* qui complète et achève le groupement *horizontal*.

A ces adversaires de la Région, qui feignent de redouter un impossible séparatisme, répondons que la variété des races françaises est assez réelle pour permettre de réaliser entre elles un équilibre harmonieux et fécond, mais qu'elle n'est pas assez tranchée pour permettre aux groupes particuliers de se dresser en rivaux. Serait-ce compromettre l'unité du génie français que de redonner vie et prestige à *l'esprit de province*, qui fut la principale source de ce génie ? Et croirait-on défendre par exemple la cause de l'esprit classique en proscrivant la poésie provençale, celle de Mistral, qui, sous sa forme originale, est toute imprégnée de la plus pure tradition française ; grâce, esprit chevaleresque et courtoisie... ?

Non, pour que l'esprit français prenne toute sa force, il faut réveiller les sèves provinciales, il faut ranimer ces foyers de vie française que furent longtemps de petites capitales, comme Périgueux, Bergerac ou Sarlat...

On voit les eaux diverses de cent torrents se mêler pour faire une rivière. Mais ce sont les eaux d'un même pays, elles ont de subtiles vertus communes. Et, quand elles se réunissent, elles se retrouvent sœurs, et le fleuve les confond dans sa vivante unité. Qu'il en soit ainsi des esprits divers de nos provinces ! Que chacun apporte son sel particulier, sa densité, sa saveur. Le fleuve qui les unit sera toujours limpide, parce que l'esprit français clarifie tout et que le soleil de la raison le traverse de sa lumière.

Alfred de TARDE.

Périgueux. — Imp.-Lith. Ronteix, rue Gambetta, 7.

9 782329 657219